# Peintres à la Cour de Chine

Marie-Catherine Rey

昌 世

D0995771

HORS SÉRIE DÉCOUVERTES GALLIMARD
RÉUNION DES MUSÉES NATIONAUX

Les peintures des rouleaux rendent compte de tous les aspects de la vie de l'empire : ainsi les villes, dont le plan est d'une remarquable régularité – l'élément de base, le carré, y est décliné de l'unité la plus petite, la cour de la maison, à la plus grande, la ville elle-même. Dans celles du Sud, l'habitat, plus ouvert, facilite une représentation en vue plongeante rendant un effet de perspective propre aux peintures de genre chinoises. Les activités des habitants, marchands, artisans, mères et enfants, sont ainsi aisément exposées au plaisir du regard. Autre image situant aussitôt une scène en Chine du Sud, le pont voûté qui enjambe les nombreux canaux.

Détails du *Voyage dans le Sud de l'empereur Kangxi*, par Wang Hui (1632-1717), Yang Jin (1644-1728 ?) et Gu Fang (actif vers 1700), 1691-1698, encre et couleurs sur soie, 68,7 x 1334 cm

Sceau du palais de la Félicité céleste, période Qianlong, jade

## Une nouvelle dynastie pour une Chine immuable

En 1644, une nouvelle dynastie, les Qing, d'origine mandchoue, s'installe à Pékin, et cherche aussitôt à adopter les valeurs immuables de la Chine depuis les débuts de son histoire, liées à l'observance des rituels hérités de l'Antiquité et à la valeur accordée à la culture lettrée. L'empereur Kangxi (1662-1722) réussit ainsi à gagner les élites tout d'abord hostiles au nouveau pouvoir grâce à leur intégration aux plus hautes fonctions. Il accueille par ailleurs les jésuites à la cour. Yongzheng (1723-1735), succédant à son père Kangxi, marque son règne par une réforme de l'administration. Son austérité liée à sa profonde connaissance des écrits de Confucius, dont il anoblit les descendants, va de pair avec la confirmation de l'intérêt de la cour chinoise pour les contacts avec l'Occident. Qianlong (1736-1795), fils de Yongzheng, est quant à lui l'empereur de la plus brillante période de la dynastie. Réputé pour sa remarquable connaissance des affaires, il laisse l'image d'un poète, d'un calligraphe et d'un mécène. Pour célébrer les principaux événements de leur règne, ces empereurs commanditent d'exceptionnelles séries de rouleaux peints sur soie.

De haut en bas, les empereurs Kangxi, Yongzheng et Qianlong

*Si vous aviez été d'un autre siècle,
le Prince qui règne aujourd'hui à
la Chine ne verrait rien dans le monde
de plus grand que lui.*

Le père jésuite Verbiest à Louis XIV,
à propos de Kangxi

D'abord utilisés par les marchands en vue du contrôle de la circulation des biens dans la Chine ancienne, les sceaux sont ensuite intimement liés à l'histoire de la peinture. Le sceau du peintre ou du calligraphe signe une peinture ou un colophon, celui du collectionneur marque une appartenance. Les sceaux de Qianlong indiquent le nom des lieux où sont conservés livres ou peintures, signalent une œuvre vue par l'empereur dans tel pavillon ou jardin de la Cité impériale, formulent des vœux, citent un poème ou donnent une appréciation sur la peinture d'un rouleau ou d'un album. Le sceau impérial a, en outre, la particularité d'être en jade, depuis le premier empereur (IIe siècle avant notre ère).

En haut, à droite : Détail du *Voyage dans le Sud de
l'empereur Kangxi*, par Wang Hui (1632-1717),
Yang Jin (1644-1728 ?) et Gu Fang (actif vers 1700),
1691-1698, encre et couleurs sur soie.
Ci-contre : Page d'un album de sceaux de Qianlong

Détail d'un plat avec scène inspirée du *Voyage dans le Sud de l'empereur Yang des Sui* (VIIᵉ siècle), période Kangxi, porcelaine *famille verte*

Sous les Qing, on voit apparaître des décors sur porcelaine qui relèvent à la fois de la peinture narrative de l'époque Song (XIᵉ-XIIᵉ siècles) et de l'esprit des rouleaux exécutés pour les souverains mandchous. La forme largement ouverte d'un plat (ci-dessus) offre toute l'ampleur nécessaire à l'évocation d'une visite impériale.

## Le voyage dans le Sud de l'empereur Kangxi

Wang Hui (1632-1717), peintre de paysage, est l'homme de la situation quand l'empereur Kangxi décide de désigner un artiste de talent pour diriger une équipe chargée d'immortaliser les visites impériales dans le sud de la Chine par un ensemble de douze rouleaux. Quittant à plusieurs reprises Pékin, la capitale située dans le nord du pays, aux paysages austères, pour des tournées d'inspection dans les provinces méridionales, Kangxi fait plus que s'assurer que l'ordre règne dans l'empire. Ses voyages sont l'occasion de découvrir des terres et des paysages que Wang Hui, formé à la longue tradition picturale de la Chine du Sud, sait évoquer avec toute la sensibilité attachée à ces régions qui ont vu l'épanouissement de la culture lettrée. Le sentiment de progression naturelle et de succession dynamique des scènes est lié à la nature même du rouleau horizontal, conçu pour être déroulé en « brassées » successives, et de droite à gauche. Les peintres organisent la composition d'ensemble en accord avec le rythme de lecture. La succession de montagnes, de vallées et de plaines insuffle au défilé de la suite impériale dans les territoires où l'empereur doit se montrer, un style allant bien au-delà de la commande de convention.

La collaboration de Wang Hui donne aux rouleaux impériaux un style où se mêlent la personnalité du peintre et la tradition de l'art de cour. La peinture narrative – vive et colorée – et la peinture de paysage monochrome, que la tradition avait jusque-là nettement distinguées, coexistent comme le montrent deux variations du peintre sur un même thème, l'une pour le *Voyage dans le Sud de l'empereur Kangxi* (détail page de droite, en haut), l'autre pour un rouleau vertical (page de droite, en bas).

Pot à pinceaux avec scène de pêche et poème au dos, début de la période Kangxi, porcelaine *bleu et blanc*

Plat avec scènes de pêche,
période Kangxi,
porcelaine
*famille verte-*
*famille rose*

Les porcelaines, en mêlant scènes de personnages saisis
dans leur activité et poésie des paysages du Sud,
deviennent de véritables peintures.

Ci-contre : Wang Hui, *Paysage d'hiver*, rouleau vertical,
fin XVIIᵉ-début XVIIIᵉ siècle, encre avec rehauts
de couleur sur papier

Wang Hui (1632-1717), Yang Jin (1644-1728?), Gu Fang (actif vers 1700), *Voyage dans le Sud de l'empereur Kangxi*, 1691-1698, encre et couleurs sur soie, 68,2 x 1 562 cm

le cérémonial d'un repas officiel préparé sur le trajet de la suite impériale et sa décision d'aller manger plus simplement chez un fonctionnaire local. Il assiste aussi à la reconstruction d'une digue sur le fleuve Jaune (page de gauche). La représentation des flots est l'occasion pour le peintre de donner une ampleur exceptionnelle à ce qui relève d'un talent reconnu par la tradition, la «peinture des vagues des fleuves et de la mer».

Au départ de Pékin, la route
vers le Sud passe par
le Shandong, traversant
plaines et montagnes. C'est
l'occasion pour Kangxi
de rencontrer ses sujets.
Ceux-ci expriment
leur reconnaissance au
souverain qui a eu à cœur
d'alléger leurs taxes (ci-
contre). Lui-même prend
un plaisir manifeste à ces
rencontres que lui interdit
l'étiquette de la capitale
et il laisse le souvenir d'une
simplicité de bon aloi.
Une chronique raconte
ainsi sa volonté de délaisser

*grains à offrir dans les vases. Chaque prince labourait aussi un champ dans la plaine à l'est de sa capitale,*

*...nt pas de serviteurs pour labourer la terre, mais ils voulaient montrer la sincérité de leurs sentiments.*

*Le Fils du Ciel labourait lui-même un champ dans la plaine au midi de la capitale, afin d'avoir des afin d'avoir des grains à offrir dans les vases. Le Fils du Ciel et les princes feudataires ne manqu*

Ci-contre : Anonyme, *Portrait de Yongzheng*, XVIIIᵉ siècle, rouleau vertical, encre et couleurs sur soie. À droite : Coupe à décor de vagues, période Yongzheng, porcelaine, décor secret *anhua* en réserve blanche sur fond « rouge corail »

Le règne de Yongzheng (1723-1736) est marqué par l'accentuation d'un ordre moral devant assurer l'orthodoxie politique. Le recours aux références confucéennes de soumission et de fidélité à l'autorité, dont la figure de l'empereur est le garant, amène ce dernier à rédiger lui-même des textes destinés aux candidats aux concours officiels et à donner des leçons aux futurs fonctionnaires. Ces mesures placent tous les sujets de l'empire sous l'autorité d'une morale austère. De plus, l'empereur se doit de reprendre les insignes du pouvoir que sont les activités lettrées et la charge des rites auxquels les souverains chinois se sont toujours soumis. À côté d'un art impérial somptueux, se manifeste le goût pour des formes plus dépouillées, souvent reprises, en témoignage d'admiration, de formes anciennes (vase, page de droite, en haut) ou pour des décors évoquant plus explicitement encore une antiquité de référence : bronzes antiques et livres sont ainsi associés à des objets liés à l'activité du lettré collectionneur (boîte à encre, page de droite, en haut).

Vase, imitation d'un céladon de l'époque Song, période Yongzheng, porcelaine céladon à couverte craquelée

À droite : Boîte à encre de sceau, décor de vases antiques, période Yongzheng, porcelaine *famille rose*

# Le Premier Sillon ouvert par l'empereur

Inaugurant la saison des semailles, la cérémonie du Premier Sillon ouvert par l'empereur est, selon un rite remontant au moins au IIIe siècle avant notre ère, l'occasion de lier ordre naturel et ordre politique. L'aménagement du champ proche du Temple de l'Agriculture restitue l'ordonnancement très strict de tout espace impérial, basé sur une symétrie construite selon une axialité rigoureuse : il doit en être ainsi pour signifier le respect du rituel et de l'ordre impérial immuables. Sous l'immense dais, la scène montre le buffle menant la charrue conduite par Yongzheng traçant le premier de six sillons impériaux dans lesquels des fonctionnaires vont jeter du riz. À côté de l'empereur sont alignées les charrues menées par trois princes et neuf officiels de la cour. Tous sont là pour étendre symboliquement à l'ensemble de l'empire les bienfaits découlant de la cérémonie.

Détail du rouleau du *Premier Sillon* (dépliant intérieur)

*...tier. Se dépenser tout entier, cela s'appelait avoir du respect.*
*...orieux. Ainsi se faisaient les offrandes.* Le *Livre des Rites*, environ III<sup>e</sup>-II<sup>e</sup> siècle avant notre ère

*Montrer des sentiments sincères, cela s'appelait se dépenser tout e*
*Celui qui avait du respect et savait se dépenser tout entier était capable de servir les esprits*

L'impératrice assiste à
la présentation des cocons par
des dames de la cour. Il semble
que cette évocation du rituel
de la sériciculture, dont
l'épouse du souverain est
traditionnellement le centre,
ait été l'occasion pour Qianlong
de solliciter le peintre
Castiglione en tant que
portraitiste, afin de rendre
hommage à une femme
sincèrement aimée : Xiaoxian,
épousée l'année de ses quinze
ans et qui mourut à l'âge
de trente-sept ans.

Depuis des millénaires,
un rituel, supervisé par les
impératrices lors du troisième
mois lunaire, associe vers à soie
et cycle des métamorphoses.
La tradition est reprise sous
les Qing. Quatre rouleaux
peints sous Qianlong mettent
l'accent sur l'ordre imposant
des lieux entourant l'autel de
la sériciculture : les bronzes
(à gauche) ouvrent la voie
conduisant aux mûriers
pour les cérémonies autour
de l'arbre légendaire.

Vase avec scènes de femmes contemplant une peinture, XVIIIᵉ siècle, porcelaine *famille verte*

Le thème de jeunes femmes contemplant une peinture est rare dans les représentations du monde féminin. Ici, leur intérêt pour une peinture de paysage, leur vêtement élégant, le détail du rocher percé – référence à la méditation du lettré sur ce qui est l'un des symboles de la solidité et de la permanence dans l'éloignement des affaires du monde –, sont autant d'éléments situant la scène dans une atmosphère d'authentique raffinement intellectuel.

Dans l'Antiquité, les souverains chinois et la noblesse de cour portaient des vêtements de cérémonie ornés de figures de dragons. Avant même de régner sur la Chine, les Qing avaient pu adopter les somptueuses tuniques à dragons que les souverains Ming offraient à des chefs mandchous. À leur arrivée au pouvoir, la demande est telle que la production de vêtements de soie pour la cour atteint quatre mille cinq cents pièces annuelles.

## La part des femmes

La fabrication de la soie et la confection des vêtements permettent d'accéder au domaine réservé des activités féminines où toutes, de l'impératrice à la villageoise, ont leur place. Une légende veut que le fil précieux ait été longtemps un bien jalousement gardé par la Chine jusqu'à ce qu'une princesse chinoise, partie dans une cour étrangère, en transmette le secret en emportant avec elle le cocon d'un ver à soie dissimulé dans une tige de bambou.

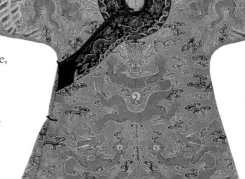

*La main saisit la fine soie, / Sa blancheur de neige glacée.*
*Couper des vêtements pour l'automne, / C'est là le désir des femmes,*
*Elles en sont pleines de fierté. / Précaution et rapidité.*
*Règles et ciseaux sont déployés / Pour les mille et mille fils / Devenus étoffe de soie.*

Poème de Kangxi pour le *Gengzhitu*, le *Livre du riz et de la soie*,
sur des peintures de Jiao Bingzhen (actif entre 1680 et 1720)

Kangxi avait fait de la relance de l'agriculture et de la sériciculture – piliers millénaires de l'économie chinoise – une priorité de son règne. Pour le souverain, une mauvaise agriculture apporte la famine, le déclin des travaux féminins de tissage et de confection des vêtements, des hivers de froid intense. Lors de son voyage dans le Sud de 1689, il avait découvert un recueil de poèmes illustrés du XIᵉ siècle, le *Gengzhitu*, le *Livre du riz et de la soie*. Rédigeant lui-même des poèmes accompagnant les planches d'une nouvelle édition commandée au peintre Jiao Bingzhen, il y rend hommage au dur labeur des femmes et des paysans. Les scènes évoquées inspirent alors de nombreux décors de porcelaines de la *famille verte*.

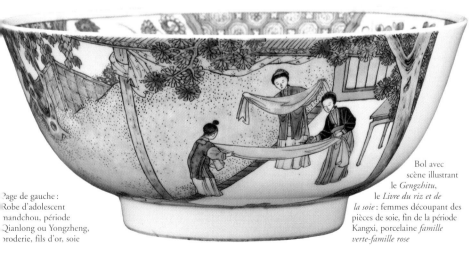

Bol avec scène illustrant le *Gengzhitu*, le *Livre du riz et de la soie* : femmes découpant des pièces de soie, fin de la période Kangxi, porcelaine *famille verte-famille rose*

Page de gauche :
Robe d'adolescent nandchou, période Qianlong ou Yongzheng, broderie, fils d'or, soie

…one (nom chinois Lang Shining), *L'Impératrice surveillant les rites de la sériciculture*, rouleau horizontal, période Qianlong, 1744, encre et couleurs sur soie, 51 x 639 cm

Ici, pas d'ouverture sur des paysages comme dans les séries des *Voyages dans le Sud*, mais des successions de cours et de bosquets avec des personnages dans l'attente des différents moments du rituel. Il s'agit plutôt de recréer l'atmosphère d'un monde à la fois étendu et clos sur lui-même, où se déroulent des événements en lien avec la vie de la Cité impériale, elle-même isolée du reste du territoire.

Aux peintres chinois
collaborant avec Castiglione
sont dévolus les éléments
évoquant les différents espaces
situés autour des lieux du rituel.
Les peintures sont en effet
destinées à n'être déroulées
que rarement, dans le cadre de
réceptions auprès du souverain.
Elles doivent charger l'ensemble
des scènes d'une impression
de solennité, ce à quoi étaient
parfaitement formés les peintres
des ateliers impériaux.

Qianlong assiste sous un dais jaune – couleur réservée à l'empereur – à une démonstration de tir à l'arc par des archers à cheval. Dans cette scène coexistent l'ordre impérial très strict imposé aux unités, en ordre serré autour de leurs bannières, et la liberté de la course des archers, souvenir du passé nomade des Mandchous. L'arrière-plan évoque Nankin, la capitale du Sud, au bord du fleuve Bleu que surplombe une colline cernée d'une muraille.

Scène d'un roman, deux cavaliers en armure, feuille d'album, XVIIIᵉ siècle, encre sur papier

## Le voyage dans le Sud de l'empereur Qianlong

Le règne de Qianlong est marqué par la conquête de nouveaux territoires, qui repoussent considérablement les frontières de l'empire, alors le plus étendu de son histoire. Reprenant la tradition de son grand-père, Kangxi, de tournées d'inspection dans le Sud, Qianlong ne lésine pas sur les fastes et ces déplacements, mobilisant une suite très importante autour de l'empereur, laisseront le souvenir de lourdes dépenses pour les finances du pays. Quand il n'est pas représenté en lettré, c'est en conquérant que Qianlong aime à être célébré, comme dans le dixième des douze rouleaux réalisés à sa demande par les ateliers impériaux sous la direction du peintre Xu Yang.

*C'est trop longtemps laisser*
*nos flèches inutiles dans leurs carquois ;*
*allons [...] combattre ;*
*c'est le seul repos qui convienne aux Mandchous.*

Qianlong, trad. R. P. Amiot,
*Éloge de la ville de Moukden*, Paris, 1770

La porcelaine prend le relais de la peinture pour représenter des scènes historiques édifiantes, diffuser des images développant les thèmes de prédilection prônés par les directeurs de la manufacture impériale de Jingdezhen : ici la chute d'un usurpateur du pouvoir légitime des Han dans la ville de Kunyang au Yunnan, au IIᵉ siècle avant notre ère. La disposition du décor tournant d'une pièce participe d'une conception dynamique qui évoque celle de la peinture sur rouleau. Des motifs plus légers et plus pittoresques – comme cette coupe représentant avec humour, à l'intérieur d'une feuille en réserve, deux guerriers en costume de nomade – donnent une touche exotique et raffinée aux pièces d'une époque extrêmement créative dans les arts décoratifs. Beaucoup de ces décors inspireront l'Europe que fascinait la finesse de la porcelaine chinoise dont le secret venait à peine d'être découvert à Meissen, en 1708.

Ci-contre : Vase avec scène historique : des guerriers quittent la ville fortifiée de Kunyang par un chemin escarpé, XVIIIᵉ siècle, porcelaine *famille verte*.
À droite : Coupe et soucoupe figurant un tireur à l'arc et un guerrier accroupi, période Yongzheng, porcelaine *famille rose*

Xu Yang, *Voyage dans le Sud de l'empereur Qianlong*, rouleau horizontal, période Qianlong, peinture sur soie, encres et couleurs légères, 70,6 x 998 cm

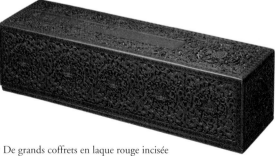

De grands coffrets en laque rouge incisée permettaient une excellente conservation des rouleaux impériaux.

Pour mener leurs conquêtes militaires, les Mandchous reprennent leur habitude ancienne de chasser en petites unités rapides et efficaces. Les rouleaux célébrant la nouvelle dynastie se doivent de figurer cette image en marche du pouvoir mandchou, désigné du nom des « Huit Bannières », auxquelles s'adjoindront, au fil des ans, Huit Bannières mongoles puis Huit Bannières chinoises.

Wang Yuanqi (1642-1715), *Paysage*, peinture sur éventail, période Kangxi, encre et couleurs légères sur papier

À droite : Fang Cong (XVIIIe siècle), *Paysage*, double page d'un album de quatre peintures, période Qianlong, encre et couleurs légères sur papier

*De face, les ravins et les montagnes, les bois et les forêts dessinent des courbes et s'enchevêtrent : [...] le paysage vient à nous [...] ; de biais, le lointain plan qui déploie les chaînes de montagnes de façon ininterrompue s'en va en se dissipant : on ne se lasse pas de cet éloignement et l'œil est ouvert à l'extrême de l'immensité.*

Guo Xi, peintre actif entre 1060-1075, trad. F. Jullien

## Le monde des lettrés

À côté des rouleaux horizontaux ou verticaux déployant de vastes paysages, la peinture chinoise a, depuis le XIᵉ siècle, une tradition de scènes de petits formats, retenus afin d'exprimer des sentiments plus intimes, des visions plus personnelles, dans un cadre resserré : réunion de lettrés autour d'une peinture ou lisant des poèmes, évocation d'un rivage avec, comme seul indice d'une présence humaine un pavillon, une barque et un pêcheur, ou encore un personnage passant sur un pont sont autant d'images illustrant un sentiment de communion avec la nature, de recherche de la solitude, de suspension du temps loin de l'agitation des affaires humaines.

À gauche et détail ci-dessus : Pot à pinceaux avec scène historique : dix-huit académiciens sous le règne de Tang Taizong (VIIᵉ siècle) réunis dans un jardin, et cavaliers au revers, période Kangxi, porcelaine *bleu et blanc*

Sous les Qing, peintres et céramistes traitent abondamment le thème de la réunion des lettrés (éventail à droite) sur ce que l'on appelle les « objets du lettré » – éventail, pot à pinceaux, vase à eau, pierre à encre – pièces souvent modestes mais faisant partie des objets personnels que chacun dispose sur sa table avant de travailler.

*Séjournant dans la retraite [...]*
*essuyant ma coupe et faisant chanter ma cithare,*
*je déploie des peintures et y fais face à l'écart ;*
*tout en restant assis, j'explore les lointains*
*des quatre coins du monde.*
Zong Bing (375-443), trad. F. Jullien

Vase avec décor des quatre saisons, période Kangxi, XVIIIᵉ siècle, porcelaine *bleu et blanc*

Ci-contre : Vase avec décor de personnages dans un paysage fluvial, période Kangxi, porcelaine *bleu et blanc*

Quel que soit le format sur lequel se déploie une peinture, l'artiste chinois manifeste une remarquable subtilité dans l'évocation d'un paysage. Jamais statique, la composition transcende véritablement la forme du support. Ainsi, le sens de l'espace peut-il s'exprimer avec la même vigueur sur un rouleau, un éventail, une feuille d'album ou une porcelaine. Dans la continuité visuelle de scènes peintes d'un plan à l'autre sur toute la panse d'un vase, il s'agit de maintenir les valeurs de dynamisme et de tension héritées de la grande peinture : ouvrir vers un horizon, monter vers des sommets ou s'engager dans les profondeurs d'un massif de montagnes. Ces valeurs sont soutenues par un trait de pinceau relevant du geste d'un peintre et non de la pose d'un décor.

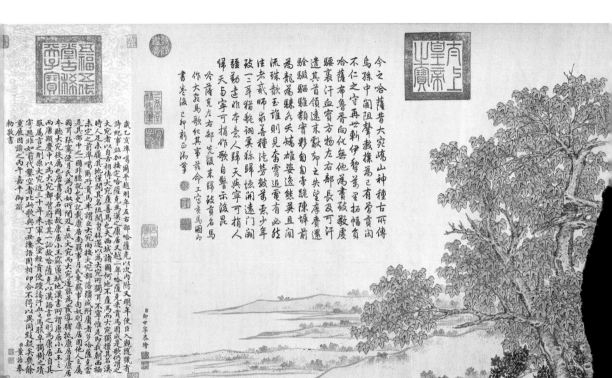

今之哈薩昔大宛嶺山神種古所傳
烏孫中闚阻聲教稼為已有省貢凋
不仁之守再世斬伊犁等塞招幅貢
哈薩布魯晉向化無他為貢致慶
驅衷汗血賓方物左右部長及可汗
為龍為驍久失墳雄姿逸然吳且闖
流珠歇玉誰則見索霄追電肖吳虯
故三月皆幹洗芳萬幹洗芳少年
住者貳師本善種闞遠門闞
彊勤遠使本意人歸天興寧可指人
怖天與寧可捐作歌自警示後昆
吟薩克左右部宪渡末歸致貢名馬
作大宛馬歌紀其事菱命工寫貢馬圖

書卷後己卯新正御筆

## Regards croisés

Giuseppe Castiglione (1688-1766), le plus chinois des peintres européens ayant travaillé à la cour de Chine, sous le nom de Lang Shining, a représenté Qianlong dans des espaces mêlant habilement manières européenne et chinoise, pour la plus grande satisfaction

Vase maillet avec paysage de montagne et poème célébrant le lac de l'Ouest, période Qianlong, porcelaine *famille rose*

du prestigieux commanditaire. Le peintre italien et l'empereur d'origine mandchoue se sont à l'évidence magnifiquement compris sur l'image qu'il convenait de donner du maître de la Chine. Mais pour la peinture de paysage, Castiglione – formé en Italie à une construction de l'espace à partir de l'analyse géométrique des formes –, tout en semblant trouver la voie des peintres chinois, en reste manifestement au seuil de la tradition qu'il vise à exprimer.

*Face-à-face ou dos-à-dos, les montagnes doivent s'accorder entre elles en un mouvement réciproque, comme si elles échangeaient des saluts.*

Nicole Vandier-Nicolas,
*Esthétique et peinture de paysage en Chine*, 1982

Ci-contre : Dong Bangda (1699-1769), *Paysage*, rouleau vertical, 1766, encre sur papier.
Page de droite : Giuseppe Castiglione, *Paysage*, rouleau vertical, période Qianlong, encre et couleurs sur soie

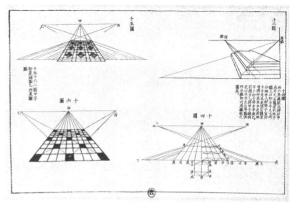

« Le point de fuite central et un point de distance », planche 13 des *Leçons de perspective, Shixue*, par Nian Xiyao

Nian Xiyao (?-1739), directeur de la manufacture impériale de céramique de Jingdezhen, tire de ses rencontres avec Castiglione le besoin de réfléchir sur la méthode occidentale de la perspective. Lisant le *Traité de perspective à l'intention des peintres et des architectes* d'Andrea Pozzo (éd. 1693-1700), il en commente les planches et dessine lui-même une nouvelle série, le *Shixue*, afin d'exposer à ses contemporains cette méthode inconnue d'eux. Soulignant la pertinence de la perspective linéaire européenne dans les figures de l'architecture et des objets, il reste cependant sur un retrait prudent en ce qui concerne la peinture de paysage, objet de siècles d'analyse de la part des peintres chinois. Les deux visions se sont approchées sans se rejoindre, chacune restant comme protégée par son génie propre.

La scène représentant Qianlong recevant des Qazak est le fruit d'une collaboration entre Castiglione et un peintre de la cour. Malgré des détails typiquement chinois, une forte influence de la manière occidentale y organise l'espace à partir de la convergence des lignes vers un point central.

Pour rendre le même effet, la pratique chinoise part des figures elles-mêmes et de leurs attitudes. Ainsi, dans la grande tradition de la peinture de chevaux, c'est de la position de l'animal que l'œil déduit le sentiment de la profondeur. Le cheval peint par Castiglione a, quant à lui, la majesté de la sculpture équestre.

Anonyme, traditionnellement attribué à Qian Xuan (vers 1235-vers 1307), *Le Relais des chevaux*, rouleau horizontal, encre et couleurs sur soie

...evaux à l'empereur Qianlong, rouleau horizontal, 1757, encre et couleurs sur papier, 45,4 x 245 cm

Giuseppe Castiglione (nom chinois Lang Shining) et collaborateurs chinois, *Qazak présentant des*

Nombreuses sont les représentations de tous les éléments du campement impérial. Les yourtes rappellent que les tribus mongoles ont rejoint les Huit Bannières mandchoues. À l'intérieur du camp impérial, l'empereur est lui-même logé dans une grande yourte contenant un trône près duquel sont les trois armes dont le souverain se servira pour la chasse : un sabre, un carquois et un fusil.

*Les montagnes serpentent vers le nord et nous sommes justement dans la fraîcheur de l'automne […].*
*Dans la forêt s'élèvent des arbres à feuilles caduques et des conifères.*
*Parmi les animaux, nombreux sont les cerfs aux grands bois. On peut les attirer en sifflant, tandis que volent les oies sauvages en observant la terre.*
Qianlong, 1755

## Les chasses de Mulan

L'ensemble des *Chasses de Mulan* est le fruit
d'une collaboration entre quatre peintres chinois
et Castiglione. Aux artistes chinois est confiée
la composition de paysages exprimant
un extraordinaire sentiment de la nature.
Hommes et animaux sont réunis dans des espaces
déployés de façon remarquablement dynamique
malgré la longueur (16 mètres !) des rouleaux.
Au peintre italien est attribuée la figure du souverain.
Il doit paraître dans chacune des compositions :
à cheval, pour le départ du cortège impérial ; assis devant
un exercice de lutte mongole ; parmi les assistants
d'une séance de domptage de chevaux sauvages ;
et enfin, en pleine course, tirant à l'arc sur le grand cerf.

*La chasse est un exercice [...] des plus essentiels du*
*Gouvernement. Il est très propre [...] à empêcher*
*que les Mandchous ne se laissent amollir par*
*une vie trop longtemps sédentaire et trop conforme*
*à celle du commun des Chinois.*
R. P. Amiot, *Éloge de la ville de Moukden*, 1770

Ci-dessus : Détail d'un vase
avec décor dit « aux Cent
daims », période Qianlong,
porcelaine *famille rose*.
À gauche : Vase rouleau avec
décor dit « aux Cent daims »,
période Kangxi, porcelaine
*famille verte*. Page de droite :
Détail du rouleau de *La chasse*
*au cerf* (dépliant intérieur).

Dans les terres de Mulan,
au nord-est de Pékin, en
Mandchourie, Qianlong
se sent parfaitement
lui-même. En témoignent
des poèmes dans lesquels
il exprime son goût
des espaces où peuvent
se déployer librement des
activités aux fortes charges
symboliques pour une
dynastie encore marquée
par ses origines nomades.

han et Chen Yongjie, *Les Chasses de Mulan : le campement*, rouleau horizontal, n° 2 d'une série de 4, milieu du XVIII<sup>e</sup> siècle, encre et couleurs sur soie, 50,3 x 1 600 cm

Le déroulement des scènes fait alterner de façon pittoresque paysages, avancée des troupes impériales et périodes de halte. Celles-ci sont l'occasion d'évoquer des moments partagés par l'empereur et tous les hommes qui l'accompagnent : pour un spectacle de lutte mongole, la proximité des hommes n'exclut pas le respect de l'étiquette, comme l'écran de toile placé derrière le souverain.

Kun, Ding Guanpeng Lu Zhan et Chen Yongjie, *Les Chasses de Mulan : la chasse au cerf*, rouleau horizontal, milieu du XVIII<sup>e</sup> siècle, encre et couleurs sur soie, 50,4 x 1 600 cm

Giuseppe Castiglione (nom chinois Lang Shining), Jin Kun, Ding Guanpeng Lu ...

Giuseppe Castiglione (nom chinois Lang Shining), Jin ...

*À Marie et Charles*

## Table des illustrations

*Sauf mention contraire, les œuvres sont de la dynastie Qing ; les porcelaines proviennent de la manufacture de Jingdezhen, province du Jiangxi.*

### Une nouvelle dynastie pour une Chine immuable

Sceau du Palais de la Félicité céleste, *Tianfu dianbao*, période Qianlong, jade, 9,8 x 10,5 x 7,4 cm. Paris, musée national des Arts asiatiques-Guimet [MNAA-Guimet] (MG18352). Photo RMN/Ravaux.
L'empereur Kangxi, détail du *Voyage dans le Sud de l'empereur Kangxi*, par Wang Hui (1632-1717), Yang Jin (1644-1728 ?), Gu Fang (actif vers 1700), 1691-1698, encre et couleurs sur soie, 68,7 x 1334 cm. MNAA-Guimet (MG 21448). Photo RMN/M. Urtado.
L'empereur Yongzheng, détail du *Premier Sillon ouvert par l'empereur*, anonyme, rouleau horizontal, période Yongzheng, encre et couleurs légères sur soie, 63 x 442 cm. MNAA-Guimet (MG 21449). Photo RMN/M. Urtado.
Qian Weicheng (1720-1772), *Portrait de l'empereur Qianlong tenant un pinceau*, in album de sceaux de Qianlong, encre et couleurs sur papier, 14,8 x 22,3 cm. MNAA-Guimet (MG 25664). Photo RMN/ Th. Ollivier.
Page d'un album de sceaux de Qianlong, *op. cit.* Photo RMN/Th. Ollivier
Page intérieure
Détails du *Voyage dans le Sud de*

*l'empereur Kangxi*, par Wang Hui, Yang Jin, Gu Fang, 1691-1698, encre et couleurs sur soie, 68,7 x 1334 cm. MNAA-Guimet (MG 21448). Photo RMN/M. Urtado.

### Le Voyage dans le Sud de l'empereur Kangxi

Plat avec scène inspirée du *Voyage dans le Sud de l'empereur Yang des Sui* (VIIᵉ siècle), période Kangxi, porcelaine *famille verte*, D. 55 cm. MNAA-Guimet, coll. Grandidier (G 3669). Photo RMN/Th. Ollivier.
Pot à pinceaux avec scène de pêche et poème signé *Shanqiao*, début de la période Kangxi, porcelaine *bleu et blanc*, H. 15,5 cm ; D. 18,5 cm. MNAA-Guimet, coll. Grandidier (G 4932). Photo RMN/Th. Ollivier.
Détail du *Voyage dans le Sud de l'empereur Kangxi*, par Wang Hui, Yang Jin, Gu Fang, rouleau horizontal, n° 4 d'une série de 12, 1689, 68,2 x 1562 cm. MNAA-Guimet (MA 2460). Photo RMN/M. Urtado.
Wang Hui (1632-1717), *Paysage d'hiver*, rouleau vertical, période Kangxi, encre avec rehauts de couleur sur papier, 39,3 x 53,5 cm. MNAA-Guimet, coll. J.-P. Dubosc (AA 245). Photo Guimet/Dist. RMN/Gh. Vanneste.
Plat avec scènes de pêche, période Kangxi, porcelaine *transition famille verte-famille rose*, D. 20,5 cm. MNAA-Guimet, coll. Grandidier (G 4292). Photo RMN/Th. Ollivier.
Page intérieure
Wang Hui, Yang Jin, Gu Fang, *Voyage*

*dans le Sud de l'empereur Kangxi*, rouleau horizontal, n°4 d'une série de 12, 1689, 68,2 x 1562 cm. MNAA-Guimet (MA 2460). Photo RMN/M. Urtado.

### Le Premier Sillon ouvert par l'empereur

Anonyme, *Portrait de l'empereur Yongzheng*, rouleau vertical, période Yongzheng, encre et couleurs sur soie, 25,8 x 27,5 cm. MNAA-Guimet (MG 26486). Photo RMN/Th. Ollivier.
Coupe à décor de vagues, période Yongzheng, porcelaine, décor secret *anhua* en réserve blanche sur fond « rouge corail », H. 6,2 cm ; D. 9,2 cm. MNAA-Guimet, coll. Grandidier (G 1556). Photo RMN/Th. Ollivier.
Vase, imitation d'un céladon de l'époque Song, période Yongzheng, porcelaine céladon à couverte craquelée, H. 9 cm ; D. 12,5 cm. MNAA-Guimet, coll. Grandidier (G 1015). Photo RMN/Th. Ollivier.
Boîte à encre de sceau avec décor de vases antiques, période Yongzheng, porcelaine *famille rose*, 5 x 7 cm. MNAA-Guimet, coll. Grandidier (G 920). Photo RMN/Th. Ollivier.
Détail du *Premier Sillon ouvert par l'empereur Yongzheng*, anonyme, rouleau horizontal, encre et couleurs légères sur soie, 63 x 442 cm. MNAA-Guimet (MG 21449). Photo RMN/M. Urtado.
Page intérieure
Anonyme, *Le Premier Sillon ouvert par l'empereur Yongzheng*, rouleau

horizontal, période Yongzheng, encre et couleurs légères sur soie, 63 x 442 cm. MNAA-Guimet (MG 21449).

### La part des femmes

Vase avec scènes de femmes contemplant une peinture, XVIIIᵉ siècle, porcelaine *famille verte*, H. 46 cm ; D. 18 cm. MNAA-Guimet, coll. Grandidier (G 875). Photo RMN/Th. Ollivier.
Robe dragon d'adolescent mandchou (*jifu*), XVIIIᵉ siècle, fil d'or papier, soie, taffetas, 115 x 166 cm. MNAA-Guimet (MA 11387). Photo RMN/M. Urtado.
Bol avec scène illustrant le *Gengzhitu*, le *Livre du riz et de la soie* : femmes découpant des pièces de soie, XVIIIᵉ siècle, porcelaine *transition famille verte-famille rose*, H. 8,4 cm ; D. 19 cm. MNAA-Guimet, coll. Grandidier (G 956). Photo RMN/ Th. Ollivier.
Page intérieure
Giuseppe Castiglione (nom chinois Lang Shining, 1688-1766), *L'Impératrice surveillant les rites de la sériciculture*, rouleau horizontal, 1744, encre et couleurs sur soie, 51 x 639 cm. Taipei, musée national du Palais. Photo du musée.

### Le Voyage dans le Sud de l'empereur Qianlong

Deux cavaliers en armure, feuille d'album, XVIIIᵉ siècle, encre sur papier, 26,6 x 21,1 cm. MNAA-Guimet (AA 341). Photo RMN/ Th. Ollivier.